CW01669972

这本书属于 ____________________。

献给艾萨克，希望这本书你能看得开心！——特蕾西·科德里

华特·迪士尼说：“如果敢于梦想，你就能够成功。”——卡罗琳·佩德勒

图书在版编目（CIP）数据

我能行！/（英）特蕾西·科德里文；（英）卡罗琳·佩德勒图；徐甜译．—昆明：晨光出版社，2021.10（2025.3 重印）
ISBN 978-7-5715-1216-3

Ⅰ．①我… Ⅱ．①特… ②卡… ③徐… Ⅲ．①儿童故事－图画故事－英国－现代 Ⅳ．① I561.85

中国版本图书馆 CIP 数据核字（2021）第 156504 号

Original title: I Can Do It!

First published in Great Britain 2014
by Little Tiger Press, an imprint of the Little Tiger Group
1 Coda Studios, 189 Munster Road, London SW6 6AW

著作权合同登记号　图字：23-2021-068 号

我能行！

Wo Neng Xing !

〔英〕特蕾西·科德里 / 文　〔英〕卡罗琳·佩德勒 / 图　徐 甜 / 译

出 版 人　杨旭恒

选题策划　禹田文化
责任编辑　李 政　常颖雯
项目编辑　余伊婷
版权编辑　张静怡
装帧设计　王 锦

出版发行　晨光出版社
地　　址　昆明市环城西路 609 号新闻出版大楼
邮　　编　650034
发行电话　（010）88356856　88356858
开　　本　250mm × 250mm　12 开
I S B N　978-7-5715-1216-3
印　　刷　天津睿和印艺科技有限公司
经　　销　各地新华书店
版　　次　2021 年 10 月第 1 版
印　　次　2025 年 3 月第 4 次印刷
印　　张　2.375
定　　价　18.00 元

退换声明：若有印刷质量问题，请及时和销售部门（010-88356856）联系退换。

我能行！

〔英〕特蕾西·科德里／文
〔英〕卡罗琳·佩德勒／图
徐 甜／译

晨光出版社

小熊有一个新背包。

这个包**非常漂亮**，但是包上那颗绿色大扣子对他的小爪子来说是一个麻烦。

整个上午，小熊都在练习解开和系上这个纽扣。

“妈妈，快来看啊！”他终于喊道，

“我能行了！”

“真棒！”妈妈说，“要不我们用它装一些书去还给图书馆吧？”

“我能行！”小熊笑着说。

接着，他把所有的书都塞进了背包，**一本不落！**

不过，背包好像有点儿沉……

哎哎哎呀！

妈妈从背包里取出几本书，然后想帮小熊穿好外套。

“不用了，我能行！”小熊说。

他费力地系上了所有的纽扣！

“走吧，巴纳比，”他对玩具兔子说，“**我们出发喽！**”

小熊蹦蹦跳跳地进了城，在人行道前停下了脚步。

“我能按到那个按钮！”

可是他被别人抢先了一步……

“我真的好想按那个按钮啊！”小熊嘟囔着。

他拖着沉重的脚步，垂头丧气地跟在妈妈身旁。

在图书馆里，小熊急着跑去帮巴纳比拿它最爱的小兔故事书，可是那本书放得**太高了。**

“别担心，巴纳比，”小熊对它说，“我能帮你拿下来！”

他踮起了脚尖，可是够不到。

他又蹦又跳的，可还是差了一大截。

“哎呀，真烦人！”小熊说。
他真的很想靠自己拿到那本书。

于是，小熊用坐垫搭了一座“高塔”，

然后爬到了**最上面**。

可是，“高塔”突然摇晃起来……

“哦，不好！”小熊大叫着，

摔了个四脚朝天！

砰！

“妈妈！”他大喊着，妈妈立刻赶了过来。

“噢，我的小宝贝！”妈妈说，“你要小心点儿。”

“我够不到那本书。”小熊吸吸鼻子说道。

妈妈给了小熊一个**大大的拥抱**，说：“现在你已经可以自己做很多事了，但如果遇到了困难，也可以寻求帮助啊。”

“我明白了。”小熊点点头。

妈妈帮忙取下了故事书。接着，她读故事，小熊和巴纳比负责翻页。

有时寻求一些小小的帮助，也是一件挺好的事呢。

准备回家了，小熊收好背包，还帮妈妈穿好了外套。

“这个我能行！”小熊说。

“谢谢你，小宝贝！”妈妈笑着说。

在回家的路上，小熊蹦蹦跳跳地唱了起来：

“我能行！看我的！
我又聪明又伶俐！
如果任务太艰巨，
我会请你来救急！
现在跟我拍手喊：
我能行！我能行！万岁！”

送给一步一步走向独立的孩子们，
愿你们能做更好的自己。